BALANCE

DES SERVICES DE LA COMPAGNIE DES INDES ENVERS L'ÉTAT;

ET DE CEUX DE L'ÉTAT ENVERS LA COMPAGNIE.

BALANCE
DES SERVICES
DE LA
COMPAGNIE DES INDES
ENVERS L'ÉTAT;
ET DE CEUX
DE L'ÉTAT ENVERS LA COMPAGNIE,
Depuis 1719 jusqu'en 1725.

A LONDRES;
& se trouve
A PARIS,
Chez DES VENTES DE LA DOUÉ, Libraire, rue Saint-Jacques, vis-à-vis le College de Louis-le-Grand.

M. DCC. LXIX.

BALANCE
DES SERVICES
DE LA
COMPAGNIE DES INDES
ENVERS L'ÉTAT;
ET DE CEUX
DE L'ÉTAT ENVERS LA COMPAGNIE,

Depuis 1719 *jusqu'en* 1725.

Les Apologiſtes de la Compagnie des Indes ſe ſont fort récriés ſur l'omiſſion faite dans ſon hiſtoire, de tout ce qui a rapport au ſyſtême des Finances établi pendant les années 1719 & 1720. Les uns ont dit que cette partie avoit été *escamotée* dans le dessein de dérober au public la connoissance des services importans que la Compagnie a rendus à l'Etat : d'autres que c'étoit dans ces temps malheureux qu'on trouveroit les titres respectables de la propriété des Actionnaires. Mais aucun d'eux n'a levé ce voile qu'ils se plaignent qu'on a tiré sur ces temps *si avantageux à la Compagnie :* aucun n'a eu assez de zele pour mettre au grand jour ces titres respectables, ces importans services : tous se contentent de mettre en avant des assertions sans les appuyer d'aucune preuve.

La bonté paternelle du Souverain auroit desiré qu'il ne restât aucune trace de ces opérations ruineuses qui avoient mis tant de confusion parmi tous les Ordres de la Nation. C'est dans ce dessein qu'il avoit été ordonné par différens Arrêts & Edits que tous les papiers relatifs au *visa*, que tous les registres & papiers qui avoient servi aux achats des Actions & à toutes les opérations de la Compagnie des Indes pendant la minorité de S. M. seroient brûlés en présence de Commissaires, à l'exception toutefois des papiers qui auroient rapport à son commerce.

Arrêt du 21 Sept. 1722, & Edits de Juin 1725.

C'est cependant à ces temps que nous rappellent aujourd'hui les Actionnaires ; ils crient à l'ingratitude, parce qu'on n'est pas entré dans le détail de ces opérations dont on a voulu abolir la mémoire : c'eſt dans ce cahos qu'ils puiſent leurs titres reſpectables, & qu'ils nous forcent de nous plonger pour diſcuter la légitimité de leurs prétentions.

Examinons-les donc ces prétentions pour en prouver la fauſſeté, pour faire voir que la *Compagnie n'a jamais fait le bien de l'Etat*, & que *l'Etat a toujours fait celui de la Compagnie*. Le ſeul expoſé des faits, tels qu'ils ſont conſervés dans les Edits, Arrêts & Déclarations émanés pendant les opérations du ſyſtême, ſuffira pour démontrer la vérité de ces propoſitions.

Il faut remarquer d'abord que la Compagnie foible & chancelante dans ſon origine, s'abandonna aux vues les plus ambitieuſes, dès que les graces accumulées du Gouvernement l'eurent miſe en état de gagner la confiance du public. Son projet étoit de concentrer en elle tous les objets dont elle eſpéroit les plus grands profits. Au mois de Mai 1719 on lui réunit la Compagnie de la Chine : on lui donne enſuite le privilege de la Compagnie d'Afrique, avec exemption de tous droits à Marſeille ſur les marchandiſes apportées des Etats de Tunis & d'Alger. Au mois de Juillet on lui donne le bénéfice des monnoies ; au mois d'Août la régie des Fermes générales ; au mois de Décembre le bénéfice ſur les affinages des matieres

Edit de Mai 1719.

Arrêt du 25 Juillet 1719.

Du 27 Août 1719.

Arrêt du 9 Décemb. 1719.

Arrêt du 10 Sept. 1720. d'or & d'argent ; elle achete ensuite le privilege exclusif de commercer à Saint-Domingue. Toutes ces entreprises devoient lui donner de grands bénéfices ; mais on ne voit en tout cela que l'avantage particulier de la Compagnie, résultant d'une suite d'opérations contraires au bien général.

La réunion du commerce de l'Asie, de l'Afrique & de l'Amérique dans les mains de la Compagnie étoit contraire au bien de l'Etat : le bénéfice de la monnoie accordé à la Compagnie étoit contraire au bien de l'E-

Arrêt du 1er. Juin 1720.

tat ; on ne se ressouvient pas sans frémir de l'inquisition odieuse qu'il introduisit en 1720. Le privilege exclusif de commercer à Saint-Domingue étoit contraire au bien de l'Etat :

Lettres-patentes en forme d'Edit, du mois d'Avril 1720.

Arrêt du 10 Sept. 1720.

l'ancienne Compagnie de Saint-Domingue avoit sollicité elle-même sa dissolution, & le Roi avoit reconnu la nécessité de la liberté du commerce dans cette Isle ; cependant la Compagnie des Indes vient à bout de rétablir le privilege exclusif. La régie des Fermes générales par la Compagnie étoit contraire au bien

Arrêt du 5 Janvier 1721.

de l'Etat, puisqu'on a été forcé de la retirer de ses mains en lui défendant de se mêler jamais d'aucune opération de Finances. On verra par la suite que la Compagnie n'avoit en vue que son intérêt dans toutes ces entreprises qui lui étoient avantageuses, ou du moins qu'elle croyoit telles ; & il seroit absurde de prétendre qu'on lui doit de la reconnoissance pour s'en être chargée.

Il est bien plus vraisemblable que la Compagnie elle-même se croyoit obligée de reconnoître les sacrifices qu'on lui faisoit, lorsqu'elle proposa au Roi de lui prêter 1200 millions pour être employés à l'acquittement des dettes de l'Etat ; lorsqu'elle porta par la suite ses offres jusqu'à 1500 millions.

Arrêt du 27 Août 1719.

Arrêt du 12 Octobre 1719.

Voilà ce fait si vanté, *cette source des titres respectables des Actionnaires.* Il ne faut que lire l'Arrêt par lequel S. M. accepte les propositions de la Compagnie, pour faire tomber la haute idée qu'on veut nous faire prendre du service qu'elle rendit alors, & même pour l'anéantir.

La Compagnie offre de prêter 1200 millions au Roi, mais en même-temps elle demande, 1°. qu'on lui donne la régie des Fermes générales, 2°. la continuation de tous ses privileges pour cinquante ans, 3°. qu'on lui fît des contrats de constitution pour 36 millions de rentes pour l'intérêt à 3 pour 100 des 1200 millions, lesquels 36 millions elle retiendroit par ses mains sur le prix du bail des Fermes générales. Ces 36 millions de rente furent ensuite portés à 48 millions, parce qu'on y joignit l'intérêt de 300 millions que la Compagnie ajouta aux 1200 qu'elle avoit offerts, & celui des 100 millions des

Arrêt du 27 Août 1719.

premiers fonds qui furent aussi réduits à 3 pour 100.

Arrêt du 19 Sept. 1719.

Arrêt du 27 Août 1719.

Pour être en état de prêter ces sommes, la Compagnie demande la permission de les emprunter; le Roi la lui accorde, & lui permet de donner, pour la valeur de ces sommes, des Actions rentieres au porteur ou des contrats de constitution à 3 pour 100.

Arrêts des 13 & 28 Septembre, & du 2 Octobre 1719.

Les Arrêts des 13 & 28 Septembre, & du 2 Octobre 1720, autorisent la Compagnie à créer 300000 Actions de 500 livres qu'elle vend 5000 livres, suivant le taux fixé par les Arrêts; elle en retire un fonds de 1500 millions qu'elle prête au Roi, ou, ce qui revient au même, qu'elle emploie au remboursement des dettes du Roi.

L'Etat trouvoit-il un soulagement réel dans cette opération? Non; car, 1°. tout le bénéfice qu'il en pouvoit espérer se réduisoit à 16 millions de rente qu'il avoit de moins à payer, & il restoit endetté envers la Compagnie d'un capital de 1600 millions à 3 pour 100, qui donnoit 48 millions de rente. Une simple réduction de l'intérêt de 4 à 3 pour 100 auroit produit le même effet, avec moins de perte de la part des Intéressés. Il eût fallu, à la vérité, un coup d'autorité pour faire cette réduction: mais on fut contraint d'en venir là au temps du *visa*; & si on l'eût faite au lieu d'accepter les propositions de la Compagnie pour l'acquittement des dettes de l'Etat, on auroit épargné à la Nation tous les désordres & les troubles qui suivirent depuis ce temps jusqu'à celui du *visa*.

2°. La concession de tous les privileges de la Compagnie pour cinquante ans exposoit l'Etat à tous les inconvéniens des privileges exclusifs, dont la suppression lui auroit bientôt produit des sommes plus considérables que les 16 millions de rente que le Roi épargnoit.

3°. La régie des Fermes donnée à la Compagnie ne servit qu'à augmenter le désordre des Finances du Roi, désordre qu'il ne fut pas possible de réparer autrement qu'en cassant & annullant le bail qui lui avoit été passé pour la régie des Fermes générales.

Arrêt du 5 Janvier 1721.

4°. Le paiement des dettes de l'Etat ne fut que simulé. La Compagnie devoit emprunter 1200 millions pour l'exécuter, & donner aux Prêteurs des Actions rentieres sur elle, ou des contrats de constitution à 3 pour 100; & par l'Arrêt du 31 Août 1719, les Créanciers de l'Etat étoient obligés de présenter leurs titres & de recevoir en paiement du Garde du Trésor Royal, des assignations sur le Caissier de la Compagnie. Mais si la Compagnie étoit obligée d'emprunter pour payer la dette de l'Etat, il falloit qu'elle donnât une caution pour la sûreté des Prêteurs : elle ne pouvoit

Arrêt du 27 Août 1719.

Arrêt du 31 Août 1719.

donner cette caution que ſur ſes fonds, ou ſur les rentes qui lui étoient aſſignées ſur les Fermes: or les fonds de la Compagnie déja confondus dans ceux des Fermes générales, le furent bientôt après avec ceux de la banque qui étoient les fonds de l'Etat; & ce n'étoit que parce que la Compagnie ſe trouvoit chargée de toutes ces parties, qu'elle avoit gagné la confiance des Prêteurs. C'étoient donc les fonds de l'Etat qui cautionnoient toujours la dette de l'Etat. Il y a plus, l'Etat, au lieu de ſe décharger de ſes dettes, ſe trouva doublement endetté par cette opération, puiſqu'il conſerva ſa dette entiere de 1600 millions, qui paſſa des Particuliers à la Compagnie, avec les intérêts ſur les Fermes pour 48 millions de rente, & que ſes fonds, confondus avec ceux de la Compagnie par la régie des Fermes & la réunion de la banque, étoient hypothequés pour la ſûreté du paiement des effets que la Compagnie avoit employés au rembourſement des dettes de l'Etat.

Arrêt du 12 Octobre 1719.

On objectera peut-être, & j'ai dit moi même plus haut, que les 1500 millions prêtés au Roi par la Compagnie, étoient le produit de la vente des Actions. Or la Compagnie n'ayant point donné d'Actions rentieres ſur elle, ni de contrats de conſtitution à 3 pour 100, ſes fonds ni ceux de l'Etat n'étoient point hypothequés pour la ſûreté des Créanciers de la Compagnie,

Compagnie, qui, dans le cas présent, sont les Actionnaires.

Cette objection ne prouve rien en faveur de la Compagnie, & fournit un grief de plus contre elle.

La Compagnie avoit bien vu sans doute qu'en empruntant 1500 millions à 3 pour 100 pour les prêter au Roi au même prix, il n'y avoit rien à gagner pour elle. Il lui fut beaucoup plus facile de fabriquer 300000 Actions qui lui donnerent tout de suite les 1500 millions dont elle avoit besoin, sans autre frais que ceux de la fabrication des Actions; sans autre obligation de sa part, que celle de partager ses profits, si elle en faisoit, avec ceux qui lui confioient si aveuglément leur fortune; ou de les ruiner avec elle, si elle se ruinoit, sans qu'ils pussent avoir aucun recours contre elle. Mais cette opération étoit-elle conforme aux regles d'une morale exacte? Ne pouvoit-on pas reprocher à la Compagnie d'avoir profité du moment où l'esprit de vertige s'étoit emparé de presque tous les Citoyens qui alloient dans ses bureaux échanger leur fortune contre des espérances chimériques?

Arrêts des 13 & 28 Sept. & du 2 Octobre 1719.

L'achat des Actions, dira-t-on, étoit libre. Sans doute; & on ne forçoit personne à le faire. Que s'ensuit-il de-là? Est-ce que sans employer une contrainte personnelle, on n'en mit pas une autre en usage? On connoît les reſſorts que fit jouer M. Law, par lui-même & par ſes Emiſſaires, pour faire monter les Actions à ce prix exorbitant, qui, pour 150 millions, en procura 1500 à la Compagnie. Ces démarches peu délicates ſont cependant l'origine de tout le crédit de la Compagnie : ce n'eſt qu'après cette premiere ſecouſſe qu'on ſe jetta avec une eſpece de fureur ſur tous ſes effets ; & toute la confiance que le public lui témoigna dans la ſuite n'a jamais eu d'autre ſource. On ſçait auſſi comment on mit tout en uſage pour inſpirer aux particuliers le dégoût de l'or & de l'argent, & pour leur faire croire qu'ils avoient de grandes obligations à la Compagnie qui vouloit bien les en débarraſſer, & leur donner en échange des Actions ou des billets de banque ; & comment, après les avoir laiſſé ſe dépouiller eux-mêmes de la plus grande partie de ce qu'ils poſſédoient de ces métaux, on employa la violence pour enlever ce qui leur reſtoit.

Arrêt du 1er. Juin 1720.

Enfin le rembourſement même des dettes de l'Etat ôtoit aux Propriétaires tous les moyens de pouvoir placer leurs fonds à conſtitution. Il falloit donc qu'ils euſſent recours aux Actions auxquelles on avoit, dans ce deſſein, donné tant de vogue. L'achat des Actions, quoique libre en apparence, étoit donc forcé à cauſe des circonſtances qu'on vient de décrire ; & on peut conclure ſans bleſſer la vérité que la Compagnie, en se procurant, par le moyen de ses Actions, les 1500 millions qu'elle a prêtés au Roi, avoit choisi la voie qui lui étoit la plus avantageuse, en même temps qu'elle étoit la moins sûre pour les Prêteurs, puisque ses Actionnaires n'avoient aucun recours contre elle, & qu'ils étoient contraints de laisser avilir dans leurs mains les signes représentatifs des sommes immenses qu'ils avoient employées en achat d'Actions. Le remboursement des dettes de l'Etat, par le produit des Actions, ne prouve donc rien en faveur de la Compagnie.

Il y a encore une autre observation à faire sur cet article: c'est que ce paiement des dettes de l'Etat fut fait en billets de banque, au moins pour la plus grande, & même la très-grande partie. Ces billets de banque étoient des effets de l'Etat. La Compagnie, en les donnant pour le montant des contrats sur l'Etat, ne faisoit donc autre chose que de substituer un effet public à un autre effet public. La dette de l'Etat changeoit de dénomination, & se doubloit, comme nous l'avons dit plus haut, en laissant à la charge du Trésor public, & les 48 millions de rentes faites à la Compagnie au principal de 1600 millions, & le cautionnement des billets de banque dont l'Etat étoit garant.

Concluons donc encore une fois que la dette de l'Etat ne fut pas réellement payée :

& quand toutes les raisons alléguées ci-dessus ne prouveroient pas la justesse de cette conclusion, la suite de toutes ces opérations la démontre de la maniere la plus évidente.

Edit du mois de Juin 1725.

Suivant les Déclarations, faites au nombre de plus de 50000, en exécution de l'Arrêt du 26 Janvier 1721, la masse des dettes publiques excédoit 3 milliards 200 millions, en comptant l'évaluation que les Actionaires avoient donnée aux Actions. Mais quelques Auteurs disent que la somme totale des effets présentés au *visa* montoit à 2 milliards 222 millions 597 mille 481 livres; en suivant cette derniere évaluation, qui est la plus modérée, il se trouve toujours dans la dette de l'Etat une augmentation de plus de 600 millions.

L'Etat n'a donc reçu aucun bien réel des opérations de la Compagnie, pas même un bien momentané, puisque l'acquittement de ses dettes n'a été que simulé, & qu'en fin de compte, il s'est trouvé endetté pour plus de 600 millions de plus qu'il n'étoit avant que la Compagnie ne lui eût rendu tous les services importans qu'elle lui reproche.

Considérons maintenant ces mêmes opérations relativement à la Compagnie, & nous les trouverons aussi avantageuses pour elle qu'elles nous ont paru désavantageuses à l'Etat. Nous verrons la Compagnie toujours demandant, offrant quelquefois, & ne donnant presque jamais rien ; entasser privileges sur privileges ; faveurs sur faveurs.

Elle paroît d'abord sur la scene avec un fonds de 100 millions en billets d'Etat qui perdoient plus de 70 pour 100. Quelque avantage que cette derniere circonstance donnât pour l'acquisition des Actions, le fonds ne se remplissoit pas, & elle avoit peine à gagner la confiance. Mais bientôt ses affaires changerent de face : la réunion de la Compagnie de la Chine, la Ferme générale, le bénéfice sur les monnoies, la confirmation de la jouissance de tous ses privileges de commerce pour cinquante ans, la tirerent de cette espece de néant où elle étoit restée depuis son établissement. Elle avoit obtenu toutes ces graces, dans la persuasion où l'on étoit qu'il devoit en résulter un grand bien pour la Nation ; aussi fit-elle de grandes démonstrations de zele. Elle propose d'acquitter les dettes du Roi. Mais comment les acquitte-t-elle ? C'est par une opération ruineuse pour l'Etat & très-lucrative pour elle. La Compagnie crée pour 150 millions d'Actions qu'elle vend à raison de 5000 livres. Elle retire de sa vente 1500 millions. Voilà 1500 millions gagnés par la Compagnie par la seule publication de trois Arrêts du Conseil. Elle se fait faire des contrats de rente pour 45 millions qu'elle doit retenir sur le prix du bail des Fermes ; assurément elle ne

Lettres-patentes en forme d'Edit, du mois d'Août 1717.

Arrêt du 27 Août 1719.

Arrêt du 13 & 28 Septembre, & 2 Octobre 1719.

Arrêt du 27 Août 1719.

pouvoit pas prendre des précautions plus ſûres que de ſe payer par ſes mains : auſſi, en rendant ces prétendus ſervices à l'Etat, ſes affaires n'en valoient que mieux ; ſon capital & ſes

Arrêt du 23 Février 1720.

rentes augmentoient. Elle accepte enſuite la régie de la banque pour faire accroître encore, s'il étoit poſſible, la confiance qu'on avoit dans toutes ſes opérations. Mais ſe trouvant accablée ſous le poids des entrepriſes dont elle étoit ſurchargée, le déſordre commence à ſe mettre dans ſes affaires : l'Etat dont elle avoit auparavant payé les dettes, devient alors ſon

Arrêt du 3 & 20 Juin 1720.

créancier, & on la voit ſe deſſaiſir ſucceſſivement de la plus grande partie des 48 millions de rente hypothequés ſur le produit des Fermes, leſquelles rentes elle retrocede au Roi.

Arrêt du 3 Juin 1720.

De ſon côté, le Roi voulant ſoutenir un établiſſement qu'on croyoit néceſſaire, retrocede à la Compagnie pour 50 millions d'Actions dont il étoit propriétaire, & la décharge du paiement de 900 millions auquel elle s'étoit obligée pour ces Actions par ſa délibération du 22 Février 1720. Malgré tous les efforts du Gouvernement, la mauvaiſe adminiſtration conſumoit de plus en plus le capital de la Compagnie, & l'empêchoit de profiter des bénéfices qu'elle auroit pu faire ſur toutes ſes entrepriſes.

Arrêt du 3 Juin 1720.

Au mois de Juin 1720 elle ſe trouvoit réduite à 300 millions de capital, encore étoit-elle si considérablement endettée, que ce n'étoit qu'en réduisant le nombre des Actions de 600 mille à 200 mille qu'elle croyoit pouvoir faire face aux engagemens qu'elle avoit contractés envers Sa Majesté, & en demandant aux Actionnaires un secours de 3000 liv. par Action. Il ne sera pas inutile de rapporter ici les principales dispositions de l'Arrêt du 3 Juin 1720, & de quelques autres qui furent donnés pour la réduction & la fixation du nombre des Actions, & pour le supplément de 3000 liv. demandé aux Actionnaires.

Arrêt du 3 Juin 1720.

Par l'Arrêt du 3 Juin, art. 2, Sa Majesté consent que les 100000 Actions dont elle étoit propriétaire soient brûlées, ainsi que les 300000 que la Compagnie offre d'éteindre.

Art. 3. Sa Majesté fixe le nombre des Actions à 200000, pour lesquelles il sera fabriqué 200000 billets d'une Action chacun.

Art. 4. Toutes les Actions qui restent dans le public seront converties en nouvelles Actions, à l'effet de quoi elles seront rapportées à la Compagnie au 1er. Septembre prochain.

Art. 5. Permet Sa Majesté à la Compagnie de demander aux Actionnaires un supplément de 3000 livres par Action.

Arrêt du 20 1720.

Par l'Arrêt du 20 Juin, Sa Majesté permet aux Actionnaires de faire le supplément de 3000 liv. en billets de banque ou en Actions de la Compagnie, à leur choix, lesquelles

Actions seront reçues en paiement dudit supplément, à raison de 6000 livres l'Action, en sorte que pour trois Actions anciennes il sera délivré aux Actionnaires deux Actions nouvelles. Veut Sa Majesté que ledit supplément soit fait dans le 15 du mois de Juillet prochain, passé lequel temps les Actionnaires n'y seront plus reçus.

Arrêt du 15 Sept. 1720.

L'Arrêt du 15 Septembre suivant permet à la Compagnie de faire fabriquer 50000 nouvelles Actions, & fixe le nombre de toutes les Actions à 250000.

Il paroît suivre de ces dispositions que les 200000 Actions qui restoient dans le public au mois de Juin, ne pouvoient pas suffire pour remplir les 200000 Actions nouvelles, après l'Arrêt du 20 Juin qui permet d'en donner trois anciennes pour deux nouvelles. La somme totale des anciennes Actions ne pouvoit remplir, à raison de 3 pour 2, que 133,333 $\frac{1}{3}$ nouvelles Actions. Il a donc dû rester entre les mains de la Compagnie *66,666* $\frac{2}{3}$ Actions nouvelles qu'elle a pu vendre à son profit. N'est-il pas évident que par cette opération, ainsi que par la permission qu'elle a sollicitée de fabriquer 50000 nouvelles Actions, la Compagnie reprenoit d'une main ce qu'elle avoit abandonné de l'autre, en brûlant les 300000 Actions pour lesquelles elle avoit fait sa soumission.

La

La demande des 3000 liv. par Action formoit un objet de 600 millions, qui, avec les 66,666 Actions qui lui restoient & les 50,000 fabriquées en conséquence de l'Arrêt du 15 Septembre, devoit la dédommager des 300,000 qu'elle avoit offert d'éteindre.

Tel étoit au reste le systême de la Compagnie. Lorsqu'elle avoit quelques demandes à faire au Gouvernement, elle avoit toujours soin de les faire précéder par quelques offres qui sembloient contribuer à l'utilité nationale, mais dont le vrai but étoit de détourner les yeux du public de dessus les demandes exorbitantes qu'elle alloit faire. On en a vu l'exemple quand elle a voulu avoir le bail des Fermes & tous les privileges qu'elle s'est fait accorder; on en voit un autre dans le cas présent de l'extinction de 400,000 Actions. On en verra d'autres par la suite de ce Mémoire. Revenons à la situation de la Compagnie.

Arrêt du 27 Août 1719.

Arrêts des 3 & 20 Juin, & du 15 Septembre 1719.

Edit de Juillet 1720.

Elle ne s'étoit servi jusque-là de ses privileges de commerce que pour inspirer plus de confiance au public; le mauvais succès de ses opérations de Finance lui ouvrit enfin les yeux. Les débris de toutes ses entreprises manquées, en lui montrant la désolation placée dans ce même lieu où elle avoit auparavant rassemblé toutes les richesses du Royaume, lui prouverent mieux qu'aucun argument, combien elle s'étoit éloignée de l'esprit de son Etat. Elle reconnut que ce n'étoit qu'en revenant à sa premiere institution qu'elle pourroit, non pas remettre ses affaires au point où elle les avoit vues pendant l'instant que dura sa prospérité ; mais conserver encore une sorte d'existence pendant quelques années. Sans renoncer tout-à-fait aux affaires de Finances, que les circonstances ne lui permettoient pas d'abandonner en entier, elle forma le dessein de faire sa principale occupation du commerce. Elle s'adressa au Gouvernement pour en obtenir la jouissance, à perpétuité, de tous ses privileges. Cette démarche nous montre que la Compagnie portoit loin ses vues. On voit aujourd'hui, par l'événement, combien elle étoit inutile, & que le terme de cinquante ans, qui lui avoit été accordé d'abord, étoit suffisant, & qu'il auroit été plus long que l'existence de la Compagnie, si elle avoit été abandonnée à elle-même. Mais comme elle ne prévoyoit pas ce qui devoit lui arriver de nos jours, elle prit toutes les mesures qu'elle crut nécessaires pour se faire octroyer sa demande.

Elle n'auroit pas osé sans doute se flatter qu'on lui eût accordé gratuitement une faveur si onéreuse à la Société. C'est dans cette vue qu'elle offrit de retirer pour 600 millions de billets de banque, à raison de 50 millions par mois. A-t-on jamais compté sérieusement que la Compagnie pût remplir cet engagement ?

Edit de Juillet 1720.

Comment, avec un fonds de 300 millions, qui n'étoit peut-être pas bien clair, pouvoit-elle retirer pour 600 millions de billets de banque ? Son crédit diminuoit de jour en jour ; & quand il seroit vrai qu'elle en eût pu retirer une petite quantité, n'étoit-il pas clair que la diminution de son crédit la mettoit hors d'état d'en acquitter la majeure partie ? Aussi le Parlement refusa-t-il, jusqu'à ce que la voie de l'autorité l'y eut contraint, d'enregistrer l'Edit du mois de Juillet, qui accordoit à la Compagnie cette jouissance à perpétuité de tous ses privileges de commerce. Cet Edit lui avoit paru si évidemment contraire au bien public, qu'il n'avoit pas même cru qu'il fût nécessaire de faire des remontrances à ce sujet ; ce qui prouve que le Parlement étoit bien persuadé, d'une part, de l'impossibilité où étoit la Compagnie de remplir ses engagemens, & de l'autre, du préjudice que les sujets du Roi devoient recevoir des privileges accordés à la Compagnie. L'événement a justifié ses craintes. La Compagnie a été contrainte par le mauvais état de ses affaires de renoncer à ses engagemens. Le désordre de sa régie a forcé le Gouvernement de lui retirer le bail des Fermes & celui des Monnoies ; mais dans ces circonstances mêmes on la ménagea toujours autant qu'il étoit possible. Ses comptes se sont rendus pour les Fermes générales, & la

Arrêt du 10 Octobre 1720.

Arrêt du 21 Juillet 1720.

recette s'est trouvée à très-peu de chose près égale à la dépense : on la dispensa ensuite de rendre compte du bénéfice des monnoies ; c'est ainsi qu'elle se trouva quitte envers le Roi quant à ces deux objets.

La Compagnie, en abandonnant les entreprises dont elle s'étoit chargée, perdoit aussi la confiance du public, qui n'étoit fondée que sur le bon succès qu'on espéroit de ces entreprises. Les Actionnaires ne répondoient point à l'appel qui leur avoit été fait, quoiqu'il ne fût que de 150 livres par Action. Et il fallut les menacer de perdre la propriété de toutes celles de leurs Actions pour lesquelles ils n'auroient pas fourni ladite somme de 150 livres, & leur accorder un délai pour faire ce paiement, qui ne s'effectua que très-lentement, & pas en entier. La somme totale de cet appel formant 22 millions 500 mille livres, devoit être employée aux entreprises de commerce de la Compagnie, & à *acquitter ses dettes envers Sa Majesté.*

Arrêt du 27 Novem. 1720.

Arrêts des 15 & 29 Décemb. 1720.

Arrêt du 27 Octobre 1720.

Il faut bien remarquer que du moment que la Compagnie s'est mêlée des affaires de Finances, elle paroît toujours comme débitrice de Sa Majesté ; en vain fait-elle valoir le bon ordre qu'elle a mis dans les Fermes, bientôt après le Roi dit de son côté que le bon ordre de ses Finances exige qu'il retire les Fermes générales des mains de la Compagnie, ce qui

Arrêts des 3 & 20 Juin, 24 & 27 Octobre, 27 Novembre 1720.

Arrêt du 3 Juin 1720.

Arrêt du 5 Janvier 1721.

ne forme pas une présomption en faveur de sa régie.

Enfin la Compagnie reçut, par l'Arrêt du mois de Janvier 1721, le coup qu'elle redoutoit si fort. Elle avoit été chargée des opérations de la banque, & il falloit en rendre compte : ce compte étoit si terrible pour elle, qu'elle étoit persuadée qu'il en résulteroit sa ruine totale. Il lui faisoit perdre, à ce qu'elle disoit, un fonds de 1300 millions, & la rendoit débitrice de plus de 600 millions envers Sa Majesté. On remarquera ici en passant que la Compagnie qui n'avoit, au mois de Juin 1720, qu'un fonds de 300 millions, après avoir perdu continuellement depuis cette époque, possédoit 1300 millions au mois d'Avril 1721.

Arrêt du 26 Janvier 1721.

Arrêt du 3 Juin 1720.

Elle présenta donc une Requête au Conseil, dans laquelle elle prétendoit prouver qu'elle n'avoit point été chargée de l'administration de la banque. Cependant, malgré toutes ses réclamations, l'Arrêt du 7 Avril 1721 la déboute de son opposition, ordonne l'exécution de celui du 26 Janvier de la même année. Les précautions, prises par Sa Majesté pour ne pas exiger de la Compagnie un compte auquel elle ne fut pas tenue, avoient été de nommer des Commissaires « pour examiner les requê- » tes, mémoires & pieces dont elle entendoit » se servir, même les registres de ses délibé- » rations, & tels autres que lesdits Commis-

Arrêt du 14 Mars 1721.

» saires jugeroient à propos, pour, après ladite » représentation, être, sur l'avis desdits sieurs » Commissaires, ordonné par Sa Majesté ce qu'il » appartiendroit ».

Quelque grandes qu'eussent été les craintes de la Compagnie, cette reddition de compte ne fut point aussi fâcheuse pour elle qu'elle l'avoit appréhendé; la recette se trouva égale à la dépense, & tout fut fini. La Compagnie demeura quitte de tous ses engagemens envers le Roi.

Edit du mois de Juin 1725.

On peut bien, sans craindre de tomber dans l'erreur, croire que la Compagnie fut encore traitée avec faveur. Il n'est pas à présumer qu'elle ignorât sa véritable situation lorsqu'elle se reconnoissoit débitrice de plus de 600 millions envers Sa Majesté. Il n'est pas possible non plus que, vu les dispositions favorables du Gouvernement pour la Compagnie, les Commissaires nommés pour examiner les pieces justificatives de sa requête, n'aient pas mis toute l'attention requise pour une vérification si importante. Si après cette vérification le Roi ordonne la reddition des comptes; si par un autre Arrêt du même jour il pourvoit à ce que les sommes dûes à Sa Majesté par la Compagnie ne courent aucun risque; c'est qu'on y avoit trouvé des motifs suffisans pour déterminer le Conseil à prendre ce parti. Cette dette étoit bien constatée, & par l'aveu de la requête,

Autre Arrêt du 7 Avril 1721.

& par le rapport des Commiſſaires, en conſéquence duquel on n'eut aucun égard à ladite requête. Il ſeroit bien étonnant qu'il n'en fût plus fait mention nulle part, ſi on ne connoiſſoit le deſſein formé de favoriſer en tout la Compagnie, même aux dépens du Tréſor public. Il eſt vrai que ces dernieres graces ne conſiſtoient qu'en abolition de dettes envers le Roi, & ne lui apportoient rien d'effectif; on doit cependant les mettre au nombre de ces faveurs particulieres dont le Gouvernement n'a ceſſé de la combler.

Edit du mois de Juin 1725.

Mais ce fut en 1725 que la Compagnie fut portée, pour ainſi dire, en triomphe par les Edits du mois de Juin. Il y en eut deux qui la concernoient particuliérement : l'un la déchargeoit de toutes les opérations faites pendant la minorité, afin qu'elle fût dans la ſuite à couvert de toutes recherches, & lui faiſoit don de 583 millions; l'autre lui confirmoit à perpétuité la jouiſſance de tous ſes privileges. Il fallut, à la vérité, un Lit de Juſtice pour l'enregiſtrement de ces deux Edits; parce que le Parlement continuoit de s'oppoſer aux entraves que ces privileges mettoient au commerce de la Nation, & qu'il croyoit qu'il étoit contraire au bien de l'Etat de donner une ſomme auſſi conſidérable que celle de 583 millions à une Compagnie dont toutes les opérations avoient été ſi mauvaiſes.

Avant que de finir ce que nous avons à dire de l'histoire de la Compagnie, nous croyons nécessaire de relever ses prétentions insérées dans l'article 10 des demandes qu'elle fit au Roi en 1747 ; quoique cette question ait été décidée par le *néant* mis en marge à côté dudit article. Elle prétend que Sa Majesté s'est reconnue, par son Edit de 1723, débitrice de 1470 millions envers la Compagnie ; que le bénéfice des réductions du *visa*, & les Ordonnances du comptant, c'est-à-dire les 583 millions dont on a parlé, laissoient encore Sa Majesté débitrice d'une somme considérable, &c.

Il faut convenir que la Compagnie avoit bien mauvaise grace de revenir sur cet article en 1747. Pouvoit-elle se dissimuler que toutes les clauses de cet Edit renfermoient des faveurs

Edit de Juin 1725.

auxquelles elle n'auroit pas dû prétendre ? On n'y rencontre que des dispenses de rendre compte des sommes, au paiement desquelles

Arrêt du 23 Février 1720.

elle s'étoit obligée pour les différentes entreprises dont elle s'étoit chargée. Entr'autres 6 millions qui faisoient le fonds de la banque,

Arrêt du 21 Juillet 1719.

& qui appartenoient au Roi : 50 millions pour

Arrêt du 23 Février 1720.

le bénéfice des monnoies : 900 millions pour les 100 mille Actions appartenantes au Roi :

Edit du mois de Juin 1725.

auxquelles, si on ajoute les 583 millions que le Roi donne à la Compagnie, on aura 1589 millions dont Sa Majesté lui fait présent, soit en dons, soit en remises.

D'ailleurs

D'ailleurs la Compagnie auroit dû ne pas oublier que, dans sa requête du mois de Janvier 1721, elle se reconnoît débitrice de Sa Majesté pour plus de 650 millions; que lorsqu'elle a obtenu la jouissance à perpétuité de tous ses privileges de commerce, elle avoit fait sa soumission pour retirer des billets de banque jusqu'à la concurrence de 600 millions, condition qu'elle n'a pas remplie, quoiqu'elle ait obtenu & bien conservé ce qu'elle avoit demandé. Il faut donc encore mettre 1250 millions au rang des sommes que le roi lui a remises; & en les ajoutant aux 1589 déja trouvés, nous aurons 2 milliards 839 millions pour balancer les 1470 millions que la Compagnie répete. On ne comprend point dans ce calcul le bénéfice sur les réductions du *visa*, non plus que toutes les autres faveurs de cet Edit, & de celui qui porte confirmation de tous les privileges accordés à la Compagnie.

Arrêt du 7 Avril 1721.

Edit du mois de Juill. 1720.

Edit du mois de Juin 1725.

Après tout ce qu'on a dit des opérations de la Compagnie, il est constant que l'Etat lui a fait des sacrifices immenses, sur-tout pendant ces temps difficiles de 1719 & 1720: Sa Majesté n'a cessé de lui donner, soit en dons réels, soit en abolitions de dettes; aussi après tous les malheurs qui accompagnerent & suivirent cette époque, dans laquelle on s'est renfermé, la Compagnie se trouve-t-elle en meilleure situation qu'auparavant, & son fonds,

Edit du mois de Juin 1725.

qui n'étoit que de 100 millions, se trouve porté par l'Edit de 1725 à 683 millions.

Il est vrai que, suivant le bilan de la Compagnie, son capital ne montoit, en 1725, qu'à 137 millions, déduction faite des dettes. Mais la Compagnie n'en avoit pas moins reçu les 583 millions du Roi, & les Administrateurs en conviennent eux-mêmes dans les demandes qu'ils firent en 1747, lorsqu'ils disent que les Ordonnances de comptant, c'est-à-dire les 583 millions, laisserent Sa Majesté débitrice d'une somme considérable envers la Compagnie. Si la Compagnie les avoit déja dissipés au mois de Janvier 1725, & avant l'Edit du mois de Juin de la même année qui confirme ce don fait par le Roi à la Compagnie, elle en connoît sans doute l'emploi. Il suffit d'avoir prouvé qu'elle les a reçus, pour pouvoir dire que son capital en étoit augmenté, & que les 100 millions des premiers fonds, & les 583 millions dont il est question, devoient lui faire un fonds de 683 millions.

Le sort de la Compagnie est donc bien plus avantageux que celui de l'Etat; elle se trouve une augmentation considérable dans son capital; l'Etat, au contraire, se trouve endetté de 600 millions de plus qu'avant que la Compagnie ne se fût mêlée de ses affaires.

Après avoir considéré les opérations de la Compagnie, relativement à l'Etat & à elle-même, & avoir prouvé que l'Etat a toujours donné à la Compagnie & n'en a jamais reçu aucun service réel, il nous reste encore à détruire un reproche d'injustice que l'on fait au Gouvernement, en l'accusant d'avoir, au temps du *visa*, fait une réduction plus grande sur les biens des Actionnaires que sur ceux des autres classes de Citoyens. Les Actions, suivant la déclaration des Actionnaires, leur tenoient lieu, dit-on, de 900 millions. On les a réduites, suivant l'Auteur de l'Eclaircissement Historique, à 337 millions, & encore ne sçait-on pas ce que sont devenus ces 337 millions dont on n'a plus entendu parler. Nous examinerons donc en premier lieu l'article des 900 millions, ensuite celui des 337 millions dont on veut faire entendre que le Gouvernement s'est emparé.

On prétend qu'au temps du *visa* les Actions tenoient lieu aux Actionnaires de 900 millions, & on ne dit point sur quel fondement on appuie cette évaluation; on ne donne ni le nombre des Actions qui furent présentées au *visa*, ni le prix qu'on attribue à chacune: depuis l'Arrêt du 3 Juin 1720 qui ordonne le brûlement de 400 mille Actions, il n'en devoit plus rester que 200 mille dans le public. Il en fut fabriqué ensuite 50 mille, par Arrêt du 15 Septembre suivant. Il en auroit donc dû être porté 250 mille au *visa*. Mais on voit par l'Arrêt du 17 Novembre, qui permet aux Directeurs de la Compagnie d'emprunter 22 millions 500 mille liv. à raiſon de 150 liv. par Action, qu'il n'en devoit plus reſter dans le public qu'environ 146 mille 60. Et on lit, dans l'Edit du mois de Juin 1725, que les Actions furent repréſentées au nombre de 130 mille. En s'arrêtant à ce dernier calcul, & en évaluant les Actions ſelon le prix de l'achat, lors de leur vente par la Compagnie, elles ne forment qu'un capital de 650,000,000 liv. Pour avoir les 900 millions, il faut donc les porter à près de 7000 livres. Or il eſt abſurde de les porter à un prix auſſi haut dans un temps où il y en eut qui furent données pour 24 livres, & même pour 6 livres. Il auroit fallu chercher un moyen de leur donner une valeur qui fût indépendante de toutes les variations qu'elles éprouverent, & c'eſt ce qu'on n'a pas fait. On s'eſt contenté de citer une Déclaration des Actionnaires, comme ſi cette Déclaration eût dû fixer le prix des Actions, & qu'on n'eût pas pu la ſuſpecter d'exagération. Ce n'eſt pas d'après cette Déclaration, ni d'après la valeur des Actions pendant les opérations du ſyſtême, qu'on doit fixer la valeur réelle de l'Action ; c'eſt d'après la connoiſſance exacte du fonds libre de la Compagnie, & en diviſant ce fonds libre par le nombre d'Actions qui exiſtent : alors, dans quelque époque qu'on veuille chercher la valeur des Actions, on la trouvera toujours séparée de la valeur d'opinion, pourvu qu'on ait auparavant fixé l'état des fonds libres. Ainsi, à la création de la Compagnie d'Occident en 1717, le fonds de la Compagnie étoit de 100 millions, les Actions au nombre de 200 mille : la valeur véritable de chaque Action étoit donc de 500 liv.

Les Actions fabriquées depuis la premiere création étoient pareillement de 500 livres, quoique la Compagnie exigeât 1000 liv. pour les unes & 5000 liv. pour les autres, & que toutes eussent dans le public une valeur à-peu-près égale. Cette augmentation du prix des Actions devoit accroître le principal de la Compagnie, & la valeur réelle des Actions en proportion du capital; mais ce capital n'étoit pas bien connu de la part des Actionnaires, parce qu'ils ne pouvoient que présumer le produit des Actions. Ils pouvoient bien faire le calcul des fonds qu'ils fournissoient pour l'achat des Actions, mais ils ne pouvoient en connoître l'emploi : or le produit des Actions étoit de 1677 millions 500 mille livres, & toutes les Actions étant sur le même pied, leur valeur réelle étoit de 2795 liv.; tout ce qu'elles ont pu valoir au-delà n'a été qu'une suite de l'opinion de la plus valeur présumée du capital de la Compagnie, & des espérances des grands bénéfices que la Compagnie devoit faire sur toutes ses entreprises.

Lors donc qu'un Actionnaire a donné 10, 12, 15 ou 20 mille livres d'une Action par laquelle il acquéroit un 600 millieme dans les fonds de la Compagnie, & une portion égale dans ses bénéfices, c'est qu'il présumoit que le capital de la Compagnie étoit suffisant pour lui répondre des sommes qu'il convertissoit en Actions, & que le profit à retirer sur les bénéfices des diverses entreprises de la Compagnie lui donneroit une rente équivalente à celle des 10, 15 ou 20 mille livres payées pour chaque Action. La premiere supposition étoit la plus censée, si on eût pu la faire avec quelque certitude; mais il auroit fallu, suivant les circonstances, porter le capital de la Compagnie à 6, 7, 9 ou 12 milliards: & pouvoit-on raisonnablement se persuader qu'elle fût propriétaire d'un fonds aussi immense? On pouvoit le supposer considérable, mais il étoit impossible de le fixer. Dans la seconde supposition, l'espérance, fondée sur les bénéfices que devoient donner les entreprises diverses de la Compagnie, n'étoit pas différente de celle que donne une opération ordinaire de commerce, une spéculation par laquelle un Négociant peut faire un gain considérable ou une perte proportionnée si la spéculation n'est pas juste. Les

Actionnaires devoient donc s'attendre à perdre aussi bien qu'à gagner : ils risquoient toute leur fortune, mais ils ne la risquoient que dans l'espérance de lui donner un accroissement considérable. La Compagnie ayant mal fait ses affaires, & manqué toutes ses entreprises, l'espérance des grands bénéfices s'est évanouie, & le capital s'est détérioré; la valeur des Actions a dû subir une diminution en proportion de la détérioration du capital, pendant que la valeur d'opinion tomboit avec l'espérance fondée sur les bénéfices.

Dans cette chûte, il étoit aussi difficile de fixer la valeur réelle des Actions que dans le temps où elles étoient le plus en faveur. Le mauvais succès de toutes les entreprises de la Compagnie devoit mettre beaucoup de confusion dans l'état de ses fonds & empêcher d'en connoître la juste valeur ; n'y ayant plus de profits à espérer de tous les objets manqués, il n'y avoit plus de confiance, & l'on ne comptoit que foiblement sur le capital de la Compagnie, qu'on croyoit endettée pour des sommes peut-être plus considérables que ce qu'il lui restoit de fonds ; opinion qui fit donner les Actions au-dessous de 500 liv. de leur valeur originaire.

Il n'étoit donc pas possible, dans ces circonstances, de fixer la valeur véritable des Actions, que le trop peu de confiance des

Actionnaires avoit réduites au-dessous de 500 livres, tandis que, par un excès de confiance, ils les avoient portées un an auparavant jusqu'à 20000 francs.

Il s'ensuit de-là qu'à l'époque du *visa* on ne peut pas dire de quelle somme les Actions tenoient lieu aux Actionnaires. La plus grande partie de ce qu'ils avoient dépensé pour les acquérir, ils l'avoient risqué en proportion des espérances qu'ils avoient conçues d'accroître leur fortune par ces opérations. Le succès n'a pas répondu à leur attente, & ils ont perdu ce qu'ils avoient risqué sur ces espérances ; on doit les plaindre ; mais ils ne peuvent pas plus crier à l'injustice en leur qualité d'Actionnaires qu'un Négociant qui perd sa fortune sur une spéculation d'après laquelle il croyoit beaucoup gagner. Si la réduction des billets de banque a fait essuyer des pertes aux Actionnaires, c'est un sort qui leur a été commun avec le reste des Citoyens : la perte de ceux-ci a pu être moindre, parce qu'ils n'ont pas risqué comme les Actionnaires, parce que le desir de faire une fortune brillante ne les a pas tentés.

C'est donc faussement qu'on avance qu'à l'époque du *visa* les Actions tenoient lieu aux Actionnaires de 900 millions, puisqu'avant cette opération il n'étoit pas possible d'évaluer le fonds capital de la Compagnie. Il est aussi

fau

faux qu'on ait réduit le bien des Actionnaires au tiers de ce qu'ils possédoient, car ils n'ont souffert d'autre réduction que celle à laquelle toutes les autres classes de Citoyens ont été soumises, eu égard aux billets de banque & autres effets visés. La réduction opérée dans le *visa* des Actions, n'est tombée que sur leur nombre, & non pas sur leur valeur, qu'il étoit impossible de déterminer tant qu'on ne verroit pas clairement quel pouvoit être le capital de la Compagnie. Cette réduction étoit plus ou moins forte, à proportion que la maniere dont les Actions avoient été acquises paroissoit plus ou moins suspecte de manque de bonne foi & de probité. Il y en eut de grosses parties qui furent supprimées totalement, soit parce que l'acquisition en avoit été faite en contravention aux Loix, ou parce qu'elles n'avoient pas passé par toutes les formalités prescrites par les Loix. Si des Actionnaires ont mieux aimé perdre leur propriété que se soumettre aux Loix, est-ce aux Actionnaires actuels à accuser la conduite du Ministere envers leurs prédécesseurs ? Et ne vaudroit-il pas beaucoup mieux faire oublier ces temps malheureux que d'obliger, par des prétentions indiscretes & dénuées de toute vraisemblance, de faire des recherches dont le résultat peut être désavantageux à ceux qui en sont l'objet?

Les plaintes des Actionnaires ne sont donc

pas fondées. Ils ont partagé un malheur qui a été commun à toute la Nation. Ils ont pu perdre plus que les autres Citoyens : mais ils commerçoient, & les autres ne commerçoient pas. Ils ont couru risque d'aggrandir leur fortune par les opérations de la Compagnie à laquelle ils se sont intéressés ; il a donc été de toute nécessité qu'ils partageassent le sort de cette Compagnie.

Il est inutile de s'étendre davantage sur le sort des Actionnaires, parce qu'il est assez bien prouvé que si, depuis 1725, ils ont essuyé des pertes considérables, ils ne peuvent plus en charger l'Etat, & qu'elles sont du fait de la Compagnie ; tandis qu'au contraire on peut affirmer, en toute vérité, que la Compagnie n'existeroit plus depuis long-temps si elle n'avoit tiré de l'Etat des secours immenses.

Quant aux 337 millions *dont on n'a plus entendu parler*, il est bien étonnant que de ce que la Compagnie accorde un dividende de 150 livres à ses Actionnaires, on en conclue qu'elle avoit alors un fonds de 337 millions.

Arrêt du 24 Mars 1723.

Le dividende de 1722 fut fixé à 100 livres ; & pour celui de 1723, Sa Majesté fait espérer à la Compagnie qu'elle lui donnera des privileges qui la mettront en état de le porter à 150 livres. Il y fut effectivement porté ; mais c'est une erreur grossiere que d'en conclure que les 8,400,000 livres, qui faisoient la somme totale du dividende de cette année, ſuppoſaſſent un fonds de 337 millions. Le dividende fut payé ſur le même pied de 150 livres juſqu'en 1745, & cependant le capital & le revenu de la Compagnie n'avoient ceſſé de diminuer depuis 1725. Or, comme il ſeroit abſurde de prétendre que la Compagnie avoit un fonds de 337 millions en 1744, parce que le dividende qu'elle donna à ſes Actionnaires étoit de 150 livres pour cette année, il ne l'eſt pas moins de former la même prétention en conſéquence du dividende de 150 livres accordé aux Actionnaires en 1724. Ce fonds de 337 millions eſt donc imaginaire : on auroit eu bien plus de raiſon de demander ce que ſont devenues les 583 millions dont le Roi a fait préſent à la Compagnie en 1725. Je ne puis donner de réponſe ſatisfaiſante à cette queſtion, mais je puis bien demander auſſi ce que ſont devenues toutes les ſommes que la Compagnie a reçues depuis cette époque, tant de l'Etat que de ſes Actionnaires. Les unes & les autres ont eu, ſans doute, le même ſort, c'eſt-à-dire qu'elles ont été diſſipées par les opérations mal entendues de la Compagnie.

FIN.

APPROBATION.

J'AI lu, par ordre de Monseigneur le Chancelier, un Manuscrit intitulé : *Balance des Services de la Compagnie des Indes envers l'Etat ; & de ceux de l'Etat envers la Compagnie*, dans lequel je n'y ai rien trouvé qui puisse en empêcher l'impression. Il me paroît que, dans les circonstances présentes, cet Ouvrage pourra mériter l'attention du Public. Fait à Paris, ce 23 Octobre 1769.

Signé, LAGRANGE DE CHECIEUX.